LOST CITIES GO TO PARADISE

Lost Cities Go to Paradise

Las ciudades perdidas van al paraíso

Alicia Borinsky

TRANSLATED BY REGINA GALASSO

Illustrations by Alicia Borinsky

Alicia Borinsky is a fiction writer, poet and literary critic who has published extensively in English and Spanish in the United States, Latin America, and Europe. Her most recent books are *Low Blows/Golpes Bajos* , *One Way Tickets: Writers and the Culture of Exile*, and *Frivolous Women and Other Sinners* (Swan Isle Press). She is a professor of Spanish and Comparative Literature at Boston University. and director of Boston University's Summer Cultural Studies Program in Buenos Aires.

Regina Galasso is a literary translator, critic, and assistant professor in the Department of Languages, Literatures, and Cultures of the University of Massachusetts Amherst.

Swan Isle Press, Chicago 60640-8790

Edition©2015 by Swan Isle Press
©2015 by Alicia Borinsky
Translation©2015 by Regina Galasso and Alicia Borinsky
All rights reserved. Published 2015
Printed in the United States of America
First Edition

Originally published in Spanish as *Las ciudades perdidas van al paraíso* (Buenos Aires : Corregidor, ©2003).

19 18 17 16 15   12345
ISBN-13: 978-0-9833220-7-8 (paperback)

Swan Isle Press gratefully acknowledges the generous support of the University of Massachusetts Amherst toward the publication of this bilingual edition of poetry.

Library of Congress Cataloging-in-Publication Data

Borinsky, Alicia.
   Lost cities go to paradise = las ciudades perdidas van al paraíso / Alicia Borinsky ; translated by Regina Galasso. — First edition.
      pages cm
   Originally published in Spanish as Las ciudades perdidas van al paraíso (Buenos Aires : Corregidor, c2003).
   Parallel text in English and Spanish; translated from the Spanish.
ISBN 978-0-9833220-7-8 (paperback)
1. Borinsky, Alicia--Translations into English.   1. Galasso, Regina, translator.   11. Borinsky, Alicia. Works. Selections.   111. Borinsky, Alicia. Works. Selections. English   v. Title.   11. Title: Ciudades perdidas van al paraíso.
   PQ7798.12.O687A2 2015
   868›.6407--dc23

                            2015007945

This book has been made possible, in part, with the support of generous grants from:
UNIVERSITY OF MASSACHUSETTS AMHERST
EUROPE BAY GIVING TRUST

www.swanislepress.com

Para ENRIQUE CADÍCAMO, inventor de una ciudad
que juega a las escondidas en estas páginas

For ENRIQUE CADÍCAMO, maker of a city
that plays hide-and-seek in these pages

Índice

Contents

Al paraíso non-stop

Non-stop to Paradise

Agradecimientos

Agradecemos el apoyo de la Universidad de Massachusetts Amherst así como la dedicación y ayuda técnica de Adel Faitaninho. La autora destaca la importancia del vínculo con Regina Galasso que ha hecho de los múltiples niveles implícitos en el trabajo de construcción de las versiones en inglés una zona de hallazgos que no cesan.

Acknowledgements

We are grateful for the support of the University of Massa-chusetts Amherst as well as the dedication and technical help of Adel Faitaninho. The author stresses the importance of her friendship with Regina Galasso which has made of the multiple implicit layers implied in the production of the English language versions of this book a continuous source of verbal finds.

Pawnshop

Compraventa

¿así? ¿más fuerte?

Si vinieras esta noche me quedaría a esperarte
si te dejaras aconsejar por mí podríamos hacer un trato
pero encaprichada te alejas
vas a ver a tus hijos
te pierdes en un vendaval
regresas mojada desharrapada a pedirme un préstamo

te lo doy te lo daría te lo refregaría por la cara
hijadeputa secreteas secreteas y a mí
de tus placeres de tus gastos de tus excesos
ni un indicio ni un gesto ni un pellizco
acá donde me gusta

like this? harder?

If you came tonight I'd stick around for you
if you'd let me give you some advice we could make a deal
but off you go bullheaded
got to see your kids
get lost in a windstorm
back you are wet ragged to request a loan

I give it to you I'd give it to you I'd scrub your face with it
bitch   whisper whisper to me
your desires your expenses your binges
with no smack no action no pinch
here where I like it

sabor local

es una india de cara aindiada
y si le hacen la cirugía plástica
para que luzca
más varonil
yo me apunto
yo sería feliz

porque siempre la quise
bigotuda y frágil

gorda anoréxica
hermana
desconocida en el puente

local color

she's indian and it shows
if she gets plastic surgery
to look
more manly
I'm game
I'd be happy

because I always loved her
thick-moustached and delicate

anorexic fatty
sister
stranger on the bridge

A Rosa le faltan palabras

por eso se las meten en la boca
se las curan con sal y después se sientan a escucharla

Rosa rosita de mis amores
ampolla de mis noches
no te vayas porque si te encuentran perdida
si te encuentran por el camino
espinas enhiestas mal aliento

DESARREGLADA

te llevan a la florería te ponen en el jarrón
a ver si aprendes

COMO LAS OTRAS

Rose can't find the words

that's why they shove them in her mouth
marinate them in salt then sit listen to her

Rose mini rose of my life
blister of my night
don't go because if they find you wandering
if they find you out there
thorns pointy bad breath

DISHEVELED

they'll take you to the florist stick you in a vase
see if you learn

LIKE EVERYONE ELSE

muertas de hambre

que la dejen sola solita y sola que la quiero oír cantar

mala pero no tonta
resentida y frágil vino a pedirte trabajo
esperanza
un lugar en tu casa

te aconsejamos bien
te dijimos todo
y un poco más

nos gusta que cante
                bajo el puente
                bajo la lluvia
cuando hay sol

y sobre todo en días ventosos

flat broke

leave her alone all alone and alone I want to hear her sing

nasty but not dumb
bitter and delicate she came looking for a job
hope
a place in your house

we gave you good advice
told you everything
and then some

we like it when she sings
                under the bridge
                in the rain
when it's sunny

especially on windy days

de tanto ajustarme el cinturón
quedé hecha hebilla

ya no queda cambio

me tenés que dar la plata justa y
ajustarte a las consecuencias
dame todo lo que me debés
hasta la última monedita

aquí ya no tenemos paciencia
a la murga que nos llama
al corso que no termina
a la tristona de los pezones marrones
a mis dulces acreedores les digo

vengan queridos juguemos al arroz con leche
al subeybaja
a la cigüeña bizca y al pan bajo el brazo

too much belt tightening turned
me into a buckle

no change

exact amount please
or suffer the consequences
pay me off
down to the last penny

we can't take it anymore here
to the dark revelers in the unending romp
to the melancholy woman with brown nipples
to my sweet creditors I say

come darlings let's play ring around the rosie
ride the seesaw
seek and hide peek and not see

**la poesía también se rebela
ante semejante estado de cosas**

las manchas del vestido me dan bronca
necesitamos una tintorería
un relojero
dos amas de llave y un policía
a sueldo

de los buenos

poetry talks back

dress stains gross me out
where's a dry cleaner
a watchmaker
two maids and one police officer
on the take

a real good one

¿no te sentís disminuida?

la lista de mis amores disminuye
cada vez que tengo catarro

la lista de mis amores
se ha puesto a dieta

me cuento los dedos de las manos y los pies
a la espera de tu carta
                    esquivo carterito de mis sueños

don't you feel belittled?

my list of lovers shrinks
every time i catch a cold

my list of lovers
is on a diet

i count my fingers and toes
waiting for your letter
                    shy little mailman of my dreams

secretos del oficio

tomaba anfetaminas
se privaba de todos sus gustos
eructaba cada diez años
y un día flaca
nerviosa
perfumada
nos dijo la maravillosa mentira
que alumbra nuestras noches

tricks of the trade

she'd take amphetamines
never even indulge
burp every ten years
and one day skinny
nervous
sweet-smelling
she told us the wonderful lie
that lights up our nights

ni me va ni me viene

Analía marca el paso porque le gustan los militares
Jorge le toca el culo porque piensa en el de Rosa
yo los miro pasar y les cuento todo a ustedes
chismosos lectores míos
sabihondos cronistas fofísimos amigos
un día de estos armamos un escándalo
y ahí te quiero ver

i couldn't care less

Analía marches because she likes army guys
Jorge touches her butt because he thinks about Rose
i watch them go by and i tell you
dear gossipy readers
know-it-all columnists flabby friends
one of these days we'll stage a scandal
and then we'll see

te queda mejor sin rouge

su mejor amiga la convence de que salga así paliducha
pobretona vestida de marrón natural querida natural y ella
naturalmente deja que le salga la tristeza de adentro deja
que se le escape un paisaje de otoño gorriones ese alfajor
medio reseco que le dieron distraídos para que se callara la
boca de una vez mientras ellos hacían no sé qué cosa deja
que se le escape el hedor y la espesura de su aliento para
qué para que se espanten y le pidan por favor la próxima
vez quedáte en casa si te sentís así la próxima vez no
vengas ni llames ni me digas esta canzonetta es para vos no
deberías cantar sin cepillarte los dientes no deberías pavota
pavota le dice su mejor amiga y hay que ver cómo se ríe
con sus mejillas coloraditas y esos labios pintados con la
forma de tu corazoncito

you look better without blush

her best friend convinces her to go out pale drab wearing natural
beige darling so natural and naturally she lets the sadness inside
her show she lets out a whiff of an autumn landscape sparrows a
stale pastry that they gave her absentmindedly so that she'd shut
her mouth once and for all while they were doing who knows
what she lets the stench and weight of her breath escape for
what so that they scare them off and ask her to please next time
stay home if you feel like this next time don't come or call or say
to me this little ditty is for you you shouldn't sing if you didn't
brush your teeth you shouldn't turkey turkey   her best friend
calls her   and you have to see how she laughs with her blushed
cheeks and those painted lips in the shape of your little heart

mi amor también juega a las escondidas

esa mujer salió corriendo al verte
no quiere que la vendas ni le digas
    ya no te acariciaré con el látigo
       basta de tus fotos en poses insolentes
          me despido de nuestros remilgos mordiscos olores
          adiós roñosa
    puta perfumada disfrazada de odalisca

CORRE PARA QUE LA ALCANCES
SE ESCONDE PARA QUE LA VEAMOS
NO TARDES

BRAZOS EXTENDIDOS
ES LA CRUCIFICADA DEL PUENTE
ESTENTOREA CANTANTE DE TODOS LOS HUECOS

my love also plays hide-and-seek

ran away when she saw you
doesn't want you to sell her or tell her
    i won't stroke you with the whip anymore
        enough with your photos in smutty poses
            farewell to our affection bites smells
                adiós sleaze ball
    sweet-smelling whore masquerading odalisque

RUN   CATCH HER
SHE HIDES   WE SEE HER
WHAT ARE YOU WAITING FOR?

OPEN ARMS
SHE'S CRUCIFIED ON THE BRIDGE
I HEAR HER IN EVERY BLACK HOLE
BELTING OUT OUR SONG

esta cara te queda mejor

me gusta
  me encanta
    me apasiona tu cara ladrón cuando me robas un beso

buena y joven
candorosa virgen cuarentona en tus brazos
le decía la calentona le pedía a su galán pero él no entendía
y un día estúpido le pidió permiso le ofreció casarse
le mostró y demostró y regaló
    a la ingrata nostálgica
    a la señorita crónica que hoy suspira por su mejor amigo

this face looks better on you

I like
  I love
       I crave your face thief when you steal a kiss from me,

good young
gullible forty-something virgin in your arms
called her horny begged her man but no he didn't get it
and one foolish day he proposed offered marriage
fell on his knees cried gave her presents
       all for her   nostalgic ungrateful
       chronically single bitch
       still sighs for his best friend

Empty-Handed

Con una mano atrás y otra adelante

¿de dónde te sale el acento?

Juana les pide y les exige no me revuelvan la valija no me toquen el maquillaje. Dejen todo como está. Pero nadie la entiende. Sus palabras son gárgaras se equivoca y trastabilla. Anda por la ciudad mascullando insultos amenazas. Pronto encontrará una esquina y un comprador. Un par de sábanas y dos o tres sonidos de esos que dan placer y billetes.

where'd you get that accent?

Juana tells them demands don't mess up my suitcase don't touch my makeup. Leave everything the way it is. But no one gets it. She gargles her words messes up stutters. Walks around the city muttering insults threats. Soon she'll find a corner and a dealer. A set of sheets and two or three of those sounds that bring pleasure and fatten wallets.

Neighborhood Secrets

Misterios de la vida

sesión de espiritismo

las muertas en vida tienen hambre
hoy se reunieron en torno al fogón
y se comen una a una a las colegialas

cómo gemirán pobrecitos los novios
a la tarde desharrapados y solos

¿no habrá alguien para convocarlas?
¿dónde la espléndida bruja
la poderosa saciada medium de este barrio?
dónde ella la mesa las manos sobre la madera
nuestro consuelo y arrullo

séance

they're so hungry
those walking dead women
gathered around the fire gulping down schoolgirls
one at a time

let's hear their boyfriends wail
tattered and alone
sorry little losers

why doesn't someone get them together?
where is she that magnificent witch
the one and only satisfied neighborhood psychic?
where is she where her table her hands on the wood
our comfort and lullaby

el sexo de los panaderos

enharinados toquetean al empleado de turno
están rendidos después de tanto ajetreo
pero qué dulces las fricciones
    qué pringosa la alegría
      el suspiro
      la leche de mi desayuno

baker sex

dusted in flour they knead the shift worker
they're worn out after so much hard work
but such sweet rubs
    such greasy glee
       sigh
       milk for breakfast

las lágrimas de la vecina

tiene una amiga que pela cebollas mientras miran la novela
un amante empobrecido lleno de pasión
un marido demasiado rico
hijos desagradecidos
juanetes debido a los tacos altos
un lunar en la ingle con un pelo enhiesto que pica y repica
ambiciones políticas
vuelo de gorrión
náuseas a destiempo
nadie que la masajee cuando llueve
ni cuando hay sol

the neighbor's tears

she's got a girlfriend to peel onions and watch soaps
a poor passionate lover
a too rich husband
ungrateful children
bunions from high-heels
mole on her crotch with a sharp prickly hair
political drive
sparrow's flight
untimely nausea
no one to massage her when it rains
or when it's sunny

miss universo

cuando mamaba su madre condescendiente
le decía querés más no te parece suficiente ya basta
mírenla a la gordita que rica que está y entonces
   el tío y las

                              [mejillas
mejor dicho las mejillonas la abuela

el licenciado en dietética la llevó al paraíso
a las últimas butacas del cine
a un cuerpito flaco adentro de sus rollos

acarícienla antes de que desaparezca
bajo el peso de la corona
la tentación de pizza bombones
el álbum donde ya junta fotos de sus triunfos

miss universe

when she suckled her condescending mother
would say you want more don't you think that's enough stop
look everyone the little fatty she's so delicious and then
her uncle and her

                                                        [cheeks

her cheeky cheeks her grandmother

the licensed dietitian took her to another world
last row of the movie theater
a skinny little body under her rolls

touch her everyone before she disappears
under the weight of her crown
tempting pizza bonbons
album where she now keeps pictures of her successes

brujas

la nena jugaba a las figuritas como distraída

mientras las tejedoras dale que dale con las agujas y la lana
      puro susurro
perdidas en la tarde
      inclinadas por el peso de algo asqueroso
imprescindible
aguantan mi mirada
como quien no quiere la cosa

witches

a cutie plays dominoes in the yard doesn't notice

the women crisscross crisscross needles and yarn
lost in the afternoon
      leaning from the weight of something disgusting
indispensable
they put up with my glance
and pretend not to care

despedidas en el zaguán

no te quiero porque me gusto más con los otros

chau
hasta la próxima amante de luz apagada
espléndido regalo a destiempo
      galán de pulovercito gastado y pantalón estrecho

good bye at the door

I don't love you I look better with others

bye
see you later light-out lover
bad-time magnificent gift
     boyfriend with shabby worn-out shirt and tight pants

amores caníbales

la mató a la tarde y
a la mañana siguiente se casó con la prima
hay que ver el banquete
el gusto de las empanadas
la morcilla
las costillitas asadas

a besos se la comieron
a dentellada pura
¿por qué no me invitan a la fiesta?
¿por qué no me dejan relamerme?

cannibal lovers

he killed her in the afternoon
the next morning married her cousin
what a reception
how tasty the empanadas
blood sausage
spicy roasted ribs

they ate her up with kisses
digging their teeth in
why don't they invite me to the party?
why can't I lick my fingers?

pesadilla de la niña perseguida II

las mujeres ajenas
tienen una guiñadita especial
para el viejo pederasta

somos todos rehenes
no habrá pago alguno para mi rescate
por favor escríbanme cuando se vayan
ténganme en cuenta
      animalitos míos
      viajeros apurados
      niños vertiginosamente adultos

nightmare of a runaway girl II

foreign women
have a special little wink
for the old pedophile

we're all pawns
there's no money for my ransom
please write me when you leave
don't forget me
      my darling animals
      travelers in a hurry
      kids dizzily adults

¿viste que ahora hasta se parecen?

a Tomás le dio un ataque al corazón justo cuando María
entraba a su vida entonces el amor le vino rebajado fue una
cosa tristona y lechosa que llamaron cumbia y también día
del juicio final y nuestro aniversario y el cumpleaños del
pelele porque ella le enseñó a caminar otra vez Atención es
su muleta y también la hermosa enfermera en vez de lo que
te gustaría la recogida la igualada la del maquillaje demasiado
fuerte la mosquita muerta

they even look alike now, right?

Tomás had a heart attack right when María entered his life
so love came to him weak sad and washed-out they called it
cumbia final judgment day our anniversary and what's-his-
name's birthday because she showed him how to walk again
Look! she's his crutch his beautiful nurse not what you'd like his
bitch his cheeky girl the one with too much makeup snake in
the grass

Pesadilla de un conejo que persigue a la niña

homenaje a Julio Cortázar
para Cola Franzen

me recoge en el jardín y cuando me mira a los ojos abre la
boca y puedo ver que tiene encías grises y apetito de vieja
pero nadie se da cuenta y dicen cómo le gusta su regalo de
cumpleaños vean cómo juegan tal para cual el uno con el
otro dueña y mascotita y yo desmayado de amor aunque
sólo sirva para manjar

                         destello de sonrisa
bocado indigesto

Nightmare of the rabbit going after the girl

tribute to Julio Cortázar
for Cola Franzen

she picks me up in the garden looks at my eyes opens
her mouth i see her grey cavities her granny appetite but
nobody notices them talk about how delighted she is
with her birthday watch oh how they play thick as thieves
mistress and toy pet and me lovesick even if i'm just their
treat
                              a slight glimmer in their smile
their sticky snack

cada cual tiene sus gustos y el mío
es pensar en ustedes

al colegio va cada una por su lado pero cuando llega el
hombre de los paquetitos corren juntas a verlo le hacen
morisquetas para que largue prenda pero él contesta con
movimientos húmedos desenrosca una lengua rojo oscuro
huelen restos de ajo y se espantan
hasta la próxima vez

¡brujitas!

everyone has their pleasures and mine is thinking about you

they get to school on their own but when the man with
the little packages arrives they all run over to see they
make faces at him so he'll say something but he responds
with sleazy gestures unrolls his dark red tongue they smell
his garlic and run scared
see you next time

witches!

**yo le pedí y le rogué pero ella me dijo
que no quería porque vieja se sentía
mejor creo que seguramente es porque
la ropa le queda más holgada**

malestar le producen sus secretos porque ya no les interesan
a nadie ganas de salir al andén y despedirse es la diva de
ayer que hoy junta sus pestañas postizas en el camarín
vacío antes de partir

**i asked her begged her but she told
me she didn't want to she felt
better old i'm sure it's because her
clothes are loose on her now**

she's uneasy about her secrets nobody gives a damn oh
how she wishes to rush to the train station say goodbye
yesterday's diva picks up her fake eyelashes in the empty
dressing room before taking off

Non-Stop to Paradise

Al paraíso non-stop

Siempre vas a una cita de amor

Tiene dos pesos pero me da tres
cara de haberse ganado la lotería cuando vuelvo
corazón deudor el mío
cheque al portador las caricias que le prometo

día y noche piensa en mí
si me caigo no es por una zancadilla

si me habla no es para recordarme
quiénes somos adónde vamos cuánto nos falta

you are always on a date

she has two pesos but gives me three
it's like I won the lottery when I get back
my indebted heart
check to my beneficiary promise of caresses

he thinks of me night and day
if I fall it's not a stumbling block

if he talks to me it isn't to remind me
who we are where we're going how much more we are missing

Venenos fortificantes

que nos van a matar con viruela
porque somos demasiado hermosos
con incendios en nuestros cabarets
con accidentes aéreos cuando vamos a una boda
una cita de amor
una reunión de negocios

Y después tentarnos con unas pompas fúnebres que
ni te cuento

¿por qué no agradecerles que se maten por nosotros
que me tengan miedo y envidia y apasionadamente
me hagan crecer en sus noches insomnes
a mí poquita cosa miguita de otro banquete?

Poison for strength

they're going to give us smallpox and kill us
because we're too beautiful
set fire to our cabarets
crash the plane on our way to a wedding
dates
business meetings

And then tempt us with some mournful pomp that you
don't want to know about

How about thanking them for killing each other over us
for being scared of me envious and passionately
making me bigger in their sleepless nights
no big deal scraps from somebody else's feast?

el comercio está repuntado

en las calles de mi ciudad hay una esquina donde los
inmigrantes venden fotos de parientes equivocados y
esconden a los niños para que los padres no los vean nunca
desamparados

business is booming

there's this one corner in my city where immigrants sell
pictures of mistaken relatives and hide children so their
parents don't notice they're homeless

con el pan bajo el brazo

los niños admiran a las madres y les hacen cariñitos
las madres adoran a sus maridos
los maridos juegan al poker
    y apuestan
        apuestan madres y niños
           que se nefregan
alegremente queridos se nefregan

good luck charm

kids admire their mommies and show them affection
mommies adore their husbands
husbands play poker
    and bet
        bet mommy and the kids
            but they don't give a shit
happily dearies I'm telling you they don't give a shit

la música de las esferas suena también
aquí esta vez sin monedita

el único pajarito vivo en esa ciudad entona un canto
estilo chillido

espera a una alondra atolondrada
que nunca vendrá amigos nunca vendrá
quedó detenida por averiguación de antecedentes
desapareció sin dejar huellas
la alondra desmemoriada

en otra ciudad
en un lugar que no existe aquí
abofeteamos a la alondra
y le dimos jarabe al pajarito

para que sepan y lo repitan

the spheres play their music here too
no tokens needed

the only live bird in that city intones a screechy song

waits for a sparked lark
that'll never show up my friends never show up
it got taken in for questioning about its whereabouts
disappeared without a trace
forgetful lark

in another city
in a place that doesn't exist here
we slap the lark
and butter up the birdie

so they learn and do it again

confidencialmente

esa ciudad corrió el telón hace poco tiempo
nada le importan ya sus afeites
sólo busca alguien que recoja la basura
algún aventurero que quiera reconquistarla
y llevarla a una cucha limpita

(ustedes saben ella siempre tuvo vocación de perritos faldero)

for your ears only

that city ended the show not so long ago
it no longer cares about its looks
just wants someone to pick up the trash
someone bold who wants to revitalize it
and take it to a neat bed

(you know she always wanted to be a lapdog)

¿qué tendrán en la cabeza?

los jóvenes comen pizza y piensan distraídamente en esto
y en lo otro a ratos les dan ganas pero se olvidan porque
cuando tocan fondo sólo les queda apurarse tienen una
cita con nosotros

       personalmente me voy a otra parte antes de que me
alcancen

what are they thinking?

teens eat pizza and get distracted about this and
that sometimes they feel like it but forget because when
they hit rock bottom the only thing left to do is hurry up
they have to meet us

        personally I'd rather leave before they catch up
with me

Generosidad

Los ladrones se ocupan de todo lo que nos sobra y también
de lo demás.

how generous

Thieves take care of our leftovers along with everything else.

la deuda interna

Matías piensa que no le tengo cariño pero yo preocupada
por mis caries ni siquiera le digo que no tiene razón lo
peor es que para conquistarme me trae rubíes relojes de
ocasión y estos turrones que siempre tienen un pedacito
que se mete donde más me duele

es acá en la muela de atrás querida
escucháme que te estoy hablando
fijáte
no me dejes así a mí que siempre te he ayudado
desagradecida   mocosa fría y   desmemoriada

national debt

Matías thinks I don't like him but worried about my
cavities I don't even tell him he's wrong the worst part is to
win me over he gives me rubies second-hand watches
and those hard candies that always get stuck right where it
hurts

right here in the back molar darling
listen to me I'm talking to you
pay attention
do you think I deserve to be left like this?
always being there to help you out
ungrateful cold flaky brat

las cárceles de ahora no tienen rejas

andan todos libres
con la cola entre las piernas
los bolsillos cosidos para siempre
y en la cabeza un disco rayado dale que te dale con el asunto
de los centavos y los millones y los cuerpos quemados y los que
flotaron y los chicos robados andan por ahí dándole vueltas a la
cosa y cuando aparece una novia una cantante de ópera en el
escenario una maestra el cura el toqueteo ahí donde les gusta
se le para un rulito o dos o varios depende de la cantidad de
pelo que tengan entonces vienen y se los cortan y ya no tienen
más consuelo

delincuentes amortizados calvos expiatorios

today's jails don't have bars

they all walk around free
with their tails between their legs
their pockets sewed up for good
and a broken record in their heads going over and over
concerns about cents and millions and burnt bodies and
those thrown in the water and stolen kids back and around
and when a bride an opera singer appear on stage or a
teacher a priest groping right there where they like it one
hair curls up or maybe two or three depending on their
mane but when they come give them a blunt cut they can't
take it anymore

small-time delinquents tired old bolding scapegoats

entropía

¿Te gusta que me pruebe tu ropa?
¿No te parece que me queda mejor
que a vos
que a ella

              que a la modelo de la vidriera?

entropy

Do you like it when I try on your clothes?
Don't you think they look better on me
than on you
on her

           on the model in the window?

Y vos ¿por quién te tomás?

siento mucho cariño por tu cojera tiernamente te contemplo
en días lluviosos y te ayudo a cruzar la calle en esta ciudad
entramos siempre a una cueva en el medio hay una vela que
le prendimos a san cayetano por eso tenemos tanto trabajo
ya no importa que andes perdido porque te encontré debajo
de mi colchón

    es tu respiración entrecortada por las noches tus
    amorosas pezuñas en la espalda y esa pierna que arrastras
    sin arrastrarte aún
        pero ya vendrá
            te lo aseguro
            ya vendrá

and who do you think you are?

I'm very fond of your limp think affectionately about you
on rainy days help you cross the street   in this city we
always enter caves in the middle light a candle for
saint cayetano that's why we have so much work it no
longer matters if you're lost I found you under my pillow
    it's your uneven breath your
   loving feet on my back at night and that leg you drag
without dragging yourself
   but it'll happen
        I'm positive
        it'll happen

¿oscurece de noche por allá?

las reinas de la noche están resfriadas
        se secan los mocos con las plumas y esperan
esperan sentadas
a que los rufianes digan chito no hablen calladitas

ellos juegan al poker al truco a la canasta
juntan fotos de los tiempos de antes
afilan cuchillos
        clasifican preservativos
          se burlan de las campañas anticorrupción
y apenas se acuerdan de los susurros los mimos las dulcísimas
curvas
      DESAGRADECIDOS

does it get dark there at night?

the night queens caught a cold
        they blow their noses in their feathers and wait
wait sitting down
for their pimps to say shh! don't talk shut up

they play poker canasta gin rumney
gather pictures from the good ol' days
sharpen knives
       organize condoms
          make fun of anticorruption campaigns
and hardly remember the whispers the cuddles the
extremely delicious
curves
         UNGRATEFUL FOOLS

andan sueltos por ahí

¡nenas no vayan a la plaza!
¡nenes no se metan a monaguillos!

defendamos a los niños
permitamos que se hagan adultos
y nos acompañen en el miedo y la vigilia
el placer y el abandono del abrazo que ya no me darás

they run around loose over there

don't go down to the square, girls!
don't get up on the altar, boys!

let's stand up for the kids
allow them to become adults
and join us in fear late nights
in pleasure and the wait for your lost embrace

loquitas

te miran de reojo querido porque les gustaría comerte
pero piden limosna zalameras
juegan a las escondidas
y en el sube y baja siempre fingen querer bajar
¡cuidado!
un día cualquiera triunfarán

y ahí te quiero ver

wackos

out of the corner of their eyes they look at you darling
they'd like to eat you up
but they beg sweet little cheats
play hide-and-seek
and always act like they want to get off the see-saw
watch out!
one of these days they'll win

                and let's see how you end up

como dormida

para Cesare Pavese y Pedro Almodóvar

la muerte vino y no tuvo tus ojos
llevaba anteojos de sol
    y yo como quien no quiere la cosa
        tan oronda en mi inmortalidad
        tan segura de que ya en el paraíso

           me seguirías siempre
               sonámbula encantadora
      muñequita   cabecita vacía
      titiritera empecinada

almost asleep

for Cesare Pavese and Pedro Almodóvar

death came and it didn't have your eyes
it had on sunglasses
      and I pretended I didn't care
          so serene in my immortality
          o sure that once in paradise

              you would always follow me
                  charming sleepwalker
        dolly empty little head
        stubborn puppeteer

aquí hubo un jardín

¿te saco a bailar?
ahora que apuntan con las cámaras
ahora que no nos ven

despertaremos en sus casas
después del viaje
nos mostrarán orgullosos
entre tarjetas postales y ropa a precios de ocasión

there used to be a garden here

want to dance?
now that the cameras are looking at us
now that they don't see us

we'll wake up in their houses
after the trip
they'll proudly show us off
among postcards and clothing on sale

vaca lechera

tengo un novio de marca
que me me tiene
electrizada

cuando llueve pierdo el tiempo
me escondo y
llamo por teléfono a la fonda
      por empanadas y tu número de teléfono

dairy cow

I have a brand-name boyfriend
who who has me
electrified

when it rains I kill time
I hide
call for delivery
     order empanadas dial your number

minas guerreras

Juana se menea como si se llamara
   tongolele
   amelita azuquita cosita de papá

Juana se menea pero los muchachos están ocupados
persiguiéndose entre sí
tienen que ajustar cuentas permanente renovadas

   pasajes round trip
   contrabandos de armas
   el nuevo cambio del dólar

no les den guerra minones vayan con la música a otra parte
vengan a mis fiestas
háganme caso

hot broads

Juana shakes her booty as if her name
    were tongolele
    amelita daddy's honeybaby

Juana shakes but the boys are busy
going after each other
they have to settle the permanently renewed score

    round-trip tickets
    weapon smuggling
    the new exchange rate

don't provoke them horny gals take your show elsewhere
come to my parties
take my advice

¡cuidado!
el amor es ciego para todos

Aunque estemos en el paraíso nos esperan detrás de las
bambalinas. Reconozco el hedor de sus maquinaciones.
Algunos nos aman pero pobrecitos no se dan cuenta y
cualquier día equivocados lanzarán la primera piedrita
que como es de rigor aterrizará
justo en tu ojo bueno.

warning!
love is blind for everyone

Although we might be in paradise they wait for us behind
the scenes. I know the stench of their plot. Some do love
us but poor gullible things don't see what's up and any day
they'll throw the first pebble right into your good eye.
You can bet on it.

¿cuánto cuesta?

Aquí hay un solo político que hace todo lo que haga
falta. Así nosotros pastamos alegremente con la cara al sol.
Y cuando encontramos una pepita de oro una flor una
gallina desorientada por el calor una mujer aburrida de su
virginidad un grupo de soldados enemigos hacemos un
paquete y partimos juntos a la mansión presidencial para
entregarle el botín. No sea que deje de protegernos. Gordo
adorado. Queridísimo jerarca del paraíso.

what's the price?

There's only one politician here who gets the job done. So we happily graze sunning our faces. And when we find a golden seed a flower a chicken disoriented by the heat of a woman bored with her virginity a group of enemy soldiers we put together a package and off we go to the president's house to hand over the booty. Got to stay under his protection. Adorable fatso. Paradise's dearly beloved leader.

¡Abajo las madres!
canto patriótico de los hijos

Igual están condenadas a muerte

Vestidas y todo
        Arregladas
                armadas hasta los dientes
                        tortas caseras
zalamerías.
¿Cómo si no recordarlas?
¿Cómo construir los monumentos
que pintarán de nostalgia la ciudad
darán peso y volumen a nuestras historias?

Down with motherhood!
kids' patriotic song

Anyway they're sentenced to death

Dressed and all
          Dolled up
                    armed up to their necks
                              homemade cakes
flattery.
How to remember them otherwise?
How to build monuments
that will paint the town with nostalgia
give weight and meaning to our stories?

carroña

te aman todas
y estas mujeres son fieles
se disputan tus restos
se abren para que les hagas hijos
te halagan desvisten recuerdan

suertudo
trabajador fiel millonario
estás riquísimo

carrion

they all love you
and these women are loyal
they fight over your remains
they open up so you give them children
they flatter you undress you remember you

lucky baby
millionaire loyal worker
tasty morsel

Inferno

Infierno

**No se olviden de que la sangre no queda bien en
los retratos sobre todo cuando está en las uñas
¡Roñosos!**

Me pica y sólo puedo rascarte.
¿Será esto el amor?
¿Viviremos juntos para siempre?

**Better remember that blood doesn't look good
in portraits especially when it's under your
finger nails
Pigs!**

I'm itchy and all I can do is scratch you
Is this love?
Do you think we'll be happy everafter?

Que pase la acusada

Los periodistas inventan crímenes y tientan a los habitantes de la ciudad con la fama, vacaciones en una cárcel de lujo, alquileres pagados por el estado, sexualidad desatada e impune. Ella lo hizo por aburrimiento, pero por ahora la tienen en reserva, nadie se ocupa de su caso ni de la víctima, bueno, con todo lo otro que está pasando a quien le puede interesar otra viejita sangrante, otra atolondrada que ni siquiera se da cuenta de que hay vidrio en su pan, con lo filoso y transparente que es como su nombre lo indica.

Bring in the alleged perpetrator

Journalists make up crimes and entice city residents with fame, vacation in a five-star jail, rent paid by the state, wild and unpunished sexuality. She did it because she was bored, but for now she's in a holding cell, no one's in charge of her case or the victim's, well, with all that's happening who's going to care about another bleeding little old lady, another bewildered woman who doesn't even realize there's glass in her bread in spite of its being so sharp and transparent.

La prolijidad ante todo

Ida y vuelta. Saltar el río piedrita por piedrita sin mojarse. Recoger dos o tres que quedaron flotando. Atarlos en cadena y para no impresionarse ponerles nombres como Gordo desmembrado, Sinojos, Hinchabolas. Sin mojarse, te dije porque tenés pantalones nuevos y con lo que cuestan andá a saber cuándo y cómo y para qué comprar otro par.

Let's be neat!

Round-trip. Jump across the river pebble by pebble without getting wet. Pick up two or three floating bodies. Make them into a chain and not to care later call them Dismembered Fatso, No Eyes, Swollen Balls. Remember your new pants DON'T GET WET they cost enough and who knows when how and why you'll buy another pair.

¿se salvará?

Otra vez las tejedoras que murmuran murmuran

en la cocina una sopa humeante
     el cucharón de aluminio inoxidable
y de pronto esa carcajada
     la nena que corre sin avanzar
     y en mi mano esta llave

     tan blanda

tan precisa

will she be spared?

Once again the women knitters whisper whisper

hot soup on the stove
                              stainless-steel ladle
and suddenly guffaw
                              the sweetie runs without getting ahead
                              and this key in my hand

                              so smooth

so exact

acá se acabó todo

ese olor venía de otra casa
voces
peleas ajenas

¿por qué querés desentrañarlas
ahora que estás tan lejos?

here it's all over

that smell came from another house
                    voices
                    far-off fights

   why do you want to unravel them?
now that you are gone?

La programación cambia las viernes

para LOL STEIN

La película que faltaba era la de tu vida pero se les perdió
en el camino. Mejor para mí porque vos me gustás en serio
y quiero cambiarte el nombre, anotarme en tu historia para
que llores por mí día y noche bailes en los brazos del otro
mientras yo te guiño un ojo para toda la eternidad querida
para toda la eternidad eso sí acá nadie encenderá las luces

Friday schedule

for LOL STEIN

The movie that didn't make it was the one about your
life but they lost it along the way. Good for me because I
really like you and want to change your name, put myself
in your story so that you cry for me night and day dance in
someone else's arms while I wink at you forever and ever
forever and ever darling that's right here nobody will turn
the lights on

A mí no me gustan las minas con problemas

Carmela tiene cuatro novios que la siguen por detrás y
por delante ella acelera y disminuye pero misteriosamente
la velocidad siempre está mal y dale con que Juan no
la alcanza y Rafael le huye. De los otros dos mejor no
hablemos porque si se enteran ya se sabe.

I don't like women with issues

Carmela has four boyfriends who follow behind and in front of her she speeds up and slows down but for some reason the pace is never right and time and again Juan doesn't catch up to her and Rafael runs away from her. As for the other two, it's better not to say a word because you know what'll happen if they find out.

Tormentos

para AUGUSTO MONTERROSO

Crecerán las liendres y desentrañaremos el misterio de los
alelíes. Todo esto pasará mientras dormimos la siesta y al
abrir los ojos
habremos olvidado hasta por qué nos interesaban.

Torture

for AUGUSTO MONTERROSO

The nits will grow and we'll solve the wallflower problem.
All of this will be fixed up while we take an afternoon nap
and when we open

[our eyes
we'll have forgotten why we even cared.

Títeres

Como Alberto tiene tos le dan pastillas y el aire se
contamina con un aliento químico vahos de jarabes y
compresas pero el pobrecito no sabe que cuanto más tome
más rápido se le pudrirá la madera y nos ama nos ama
desesperadamente por las ganas con que lo cuidamos y la
ternura que pusimos al pintarle su carita sonriente.

Puppets

Alberto takes something for his cough and the air
becomes polluted with a chemical smell whiffs of syrups
and compresses but the poor thing doesn't know that the
more he takes the faster the wood will rot and he loves us
desperately he loves us because of how we took care of
him and the affection we showed when painting his cute
little smiling face.

Estafas

El papel de galán que se lo den al portero. Es en verdad un hombre riquísimo que trabaja para tener la oportunidad de verme, darme mi correspondencia y llevar mi ropa a la tintorería. Le cuento todo y el día menos pensado nos vamos al Caribe, criamos hijos y nos compramos una lancha a motor para que te salpique cuando nos sigas para arruinarnos la vida. Envidioso.

Tricks

Let the doorman have the role of a gentleman. He's really
filthy rich works to get the chance to see me, give me my
mail and take my clothes to the dry cleaner's. I tell him
everything and out of the blue we go off to the Caribbean,
raise kids and buy ourselves a motorboat so that you get
all splashed when you follow us trying to ruin our lives.
Jealous loser.

Mascarita

Exangüe despintada la ciudad yace sin pulso. Los adolescentes hacen como si vinieran a resucitarla y grupos de turistas dicen a grito pelado que nunca estuvo más hermosa más accesible más tierna.

Lovely fake

The city weak washed-out lies without a pulse. Teens act
like they've come to bring her back to life and groups of
tourists yell at the top of their lungs that she never looked
so pretty so accessible so fresh.

Palpita pero no late

Practican sus costumbres para que los filmen y ahora que se viene el verano hay un simposio para resumir la naturaleza de sus identidades. De un lado para otro andan los expertos en memoria. Huelen zoquetes, traen fotos, sacan a relucir pelotas de futbol y yo que también espero la fama, les prometo entregarles nuestras cartas de amor y esa florcita hoy reseca que me diste a la salida de una reunión política.

Throbbing but not beating

They act out their customs to get on film and now that it's almost summer there's a symposium to get back to their natural state. The memory experts pace back and forth, smell socks, bring photos, carry on about soccer balls and I, who also hope to be famous, promise to hand over our love letters and that little flower that's now dried that you gave me after a political meeting.

Más que amiga es una hermana

Por eso me tienta con el más y el menos de nuestra niñez.
Querida: es mejor que lo sepas desde ahora me nefrego
en los recuerditos las fiestas los jazmines alfajores y
confesiones nada me importa tu desasosiego ni el modo en
que vistas de perfil podríamos parecernos

Ayer hice las cuentas y mañana bien temprano te
llegará la liquidación

She's more like a sister than a friend

That's why she tempts me with the highs and lows of our
childhood. Dear, It's best you know now I don't care about
the precious memories the parties flowers boxed candies
and heated confessions I don't give a damn about your
hang-ups or how we look alike in profile

    yesterday I went over the books
    first thing tomorrow you'll get the invoice

Enredadera

Enardecido por tus triunfos trepas ahora por mi cuerpo
pero yo voy perdiendo altura querido mío voy perdiendo
tu altura se me van las ganas y apenas te siento aunque
me rodees y paralices antes ciegos que separados te digo y
la voz se pierde sin llegar a tus ojos inabarcable distancia
desde ahora para siempre tu amor y yo ahuecada ya en la
calle ya en la lluvia la tormenta un desierto donde la rubia
suelta una sonora carcajada y me enseña a bailar

Vine

Excited by your victories now you climb up my body but
I keep losing height my dear I keep losing your height I
don't feel like it and I hardly feel you even though you
surround me and stop rather blind than lose you I say and
the voice is lost before reaching your eyes vast distance
from now on your love and me flabby now in the street
now in the rain a desert where the blonde bursts out
laughing real loud and teaches me to dance

Quicksand

Arenas movedizas

Direcciones perdidas

La chica se acuerda donde vive su familia pero como
la echaron para siempre hace diez minutos no se anima
a regresar. La madre espera sentada que vuelva. Espera
sentada delante de la puerta para echarle doble y tercera
llave. La chica no entrará a la sala como corresponde.
Planea llegar por la ventana vestida de asesina armada
hasta los dientes. No sabe que con el tiempo que le tomará
crecer se le habrá olvidado el camino y apenas reconocerá a
la extraña incomprensible decimos nosotros adónde vamos
a ir a parar tanta violencia   no se conocían   mire usted ni
se conocían.

Lost addresses

The girl remembers where her family lives but since they
kicked her out for good ten minutes ago she's in no mood
to go back. Her mother waits around for her to return. She
waits around in front of the door to give it the deadbolt
and chain. The girl might not go into the living room
as she should. She plans to go in through the window
dressed like an assassin armed to the teeth. She has no idea
that by the time she grows up she'll have forgotten how
to get there and she'll hardly recognize the strange woman
not a chance we say what will it take to put an end to all
this violence   they didn't even know each other   look
Sir they didn't even know each other.

Dios los junta y ellos se separan

Cuando Mario y María se encontraron en el parque
ella llevaba un anillo de compromiso y él andaba en
motocicleta. Ahora se hablan por teléfono celular para
planear un viaje en avión que el novio de María está
arreglando en la agencia de viajes donde trabaja. mañana
le darán la noticia desde el aeropuerto antes de partir hacia
un país donde otra vez pasearán por un parque con los ojos
abiertos a ver qué pueden pescar en camino a la estación
de ómnibus o de tren para que siga la historia con bombos
lágrimas y mucha pero mucha emoción abejitas de mi
panal con toda la miel y la ternura que nos caracteriza.

God unites them and they separate

When Mario and Maria first met in the park she had an
engagement ring and he was on a motorcycle. Now they
talk on their cells to plan a flight that Maria's fiancé is
arranging at the travel agency where he works. Tomorrow
they'll make the announcement from the airport before
leaving for a country where once again they'll go by a
park paying close attention to see what they can come
across on their way to the bus or train station so that the
story continues with drums tears and a whole lot of drama
little bees from my honeycomb with all the honey and
affection we're known for.

Habláme de tu pasado

Muerta de hambre:

Codicia tu felicidad y atención
¿cuándo vas a preguntarle de dónde viene
adónde va?
¿cuándo vas a saciar tu curiosidad?

Hay que apurarse antes de que se le acaben los secretos
Antes de que la ciudad le degluta la memoria
Y las ganas de seducirte

I want to know all about you!

Loser of a woman

She covets your happiness and attention
when are you going to ask her where she comes from
where she's going?
when are you going to satisfy your curiosity?

Hurry up before she runs out of secrets
Before the city swallows her memory
And the desire to seduce you

La caridad empieza por casa

Los motociclistas adoran a la mujer del presidente porque
se encuentra con ellos en callejones sin salida vestida de
juana de arco de caperucita roja de quinceañera y de
maleante la adoran sin malicia y le dan su porcentaje del
tráfico de drogas pero todos saben que es un pretexto para
jugar con los ojitos de los niños que se iluminan cómo se
iluminan con la felicidad química futuro
del país culitos paspados y sonrisa desdentada

Charity begins at home

Bikers love the president's wife because she meets them in
dead-end alleys dressed like Joan of Arc Little Red Riding
Hood a sweet sixteen-year-old and a villain they love
her without malice and give her a cut of the drug deals
but everyone knows that it's an excuse to play with the
children's bright eyes that shine oh how they shine with
chemical happiness the country's future chafed bottoms
and toothless smile

para siempre

-yo no me vendí pero estoy segura de que me compraron
-¿y a quién le pagaron, che? ¿te dejaron constancia?
-constancia es lo que me falta pero ni bien sepa quién es
mi dueño ya vas a ver cómo lo sigo más juntos que la
hiedra la pared querida
yo soy de confiar

forever

i didn't sell myself but i'm sure they bought me
and who was paid did they leave proof of purchase?
proof is what i need don't even know for sure who my
owner is
i'll get it baby you'll see how
i'll be glued to him until he can't take me anymore
trust me

me preocupa saber cómo están
leyenda de las hortensias

para FELISBERTO

De los mellizos dos se quedaron con la tía pero el otro par
salió a hacer travesuras en el jardín y le hincharon tanto
las pelotas al jardinero que los plantó al lado de las rosas y
ahora son unas orondas e incómodas hortensias que miran
para aquí y para allá creo que te buscan para que las cortes
y te las lleves a tu casa ¿te parece que sobrevivirán el viaje?

I'd really like to find out how they're doing
Legend of the hydrangeas

for FELISBERTO

Of the twins two of them stayed with their aunt but the
other pair went out to play pranks in the garden and
the gardener's balls got so swollen that he planted them
next to the roses and now they are full of themselves
uncomfortable hydrangeas that look this way and that way
I think they're searching for you cut them and bring them
home do you think they'll make it?

cada uno con la suya

Una chica solterona desde los doce años toca el piano con gran tristeza porque sabe que esta es sólo la primera vez que la abandonan y tendrá que asistir a fiestas entierros y bautizos hasta que la familia y amigos se convenzan dejen de insistir con dietas vestidos nuevos y consejos de cómo en la vida siempre hay un roto para un descosido

to each his own

Was a spinster since she was twelve plays the piano with great sadness because she knows it's only the first time she's been dropped she'll have to go to parties funerals and baptisms until her friends and family are convinced stop pushing diets new dresses and advice about how in life there's someone out there for everyone

descarada

Hoy de puro distraída salí a la calle con la cara de mi madre

Cada vez la entiendo menos

Cuanto más quiero disimularla con ropa
metérmela en el bolsillo
           fletarla como material de exportación
más miedo me da perderme en su edad
naufragar para aquí y allá

entre sus recuerdos y los míos

saving face

Today without thinking I went out with my mother's face

I understand her less and less

the more I try to hide under her clothes
have the upper hand
               say good riddance brand her for export
the more I fear getting lost in her age
shipwrecked
forever float

      between her memories and mine

**¿no te parece que los héroes nacionales
están en deuda con nosotros?**

Fueron a fiestas. Nombraron nuestras calles.
Dejaron constancia de sus romances.

Mataron a unos cuantos y lo llamaron patriotismo.

Yo me creía casi todo y vos también.
Qué gusto vestirme para cantarles himnos
Qué placer lavarse los pecados
Chapotear así y asá para aquí para allá
Escarapela

laureles
pastelitos de grasa
mate amargo

don't you think that the nation's heroes owe us something?

They went to parties. Gave our streets their
names.
Left proof of their affairs.

Killed a few and called it patriotic.

I believed almost all of it and so did you.
What a pleasure to get dressed up to offer him anthems
What a pleasure wash away our sins
Splash around like this and that here and there
Flags

      laurels
        pastries
           bitter tea

Ocupaciones de la egoísta

Cuando llueve escribe una carta zalamera para comunicarse con un amante ausente desde hace treinta años con licencia sin goce.

Selfish girl doings

When it rains she writes a letter cloying in order
to get in touch with a lover who's been away on leave
without benefits for thirty years.

Si le llegara el mensaje él leería lo siguiente:

Tesoro: ponéte los zapatos más lustrados que tengas
y salí corriendo a encontrarte conmigo ya sabés dónde.
Ahora estoy lista para hacerte feliz. Cucurucho. Hombre
pasado por agua.

If he got the message it would go like this:

Darling: put on the shiniest shoes you have and rush
to meet me you know where. I'm now ready to make you
happy. Baby boy. Soft-boiled man of my dreams.

Olivia's Charms

Los encantos de Olivia

¡Es sabia!

Como siempre fue Olivia quien tenía la respuesta.
Dijo que los hombres dejados de lado por las egoístas
necesitaban darle sentido a su derroche de energía. Y por
eso abrió una tienda especialmente para los despechados,
tipos mandados a la mierda por amantes, patrones,
amiguitas, viejos agrisados a quienes ni siquiera sus
madres les habían dado la hora. A Olivia el negocio le
reporta muchas ganancias porque ellos naturalmente están
acostumbrados a gastar mucho sin esperar nada en cambio.

She's wise!

Olivia was always the one who had the answer. She said men who were dropped by selfish women had to do something with their unspent energy. And that's why she opened a specialty store for the losers, guys sent to hell by lovers, bosses, special friends, balding old men whose mothers didn't even give them the time of day. Business was going very well for Olivia because they're naturally used to spending a lot without anything in return.

Entre los encantos de Olivia está el de saberse mortal pero nunca enferma. Creo que vivirá para siempre con su tía en la pensión de enfrente.

One of Olivia's charms is that she knows she's mortal but never gets sick. I take it she'll live forever with her aunt in the boarding house across the street.

Si es así cuando el novio se enoja con ella
¿cómo será cuando hacen el amor?

No insistas con las palabras del adiós. Para eso pongo la radio y escucho a los políticos.

If she's like that when her boyfriend gets mad at her what's she like when they make love?

Enough good byes. I'd rather put on the radio and listen to the politicians.

El inventario de Olivia

Olivia vende ropa interior manchada, juegos de cubiertos incompletos, preservativos fallados y el producto más requerido: botellitas de spray para refrescar el aliento a precios desmesurados. Es en verdad un gran servicio a la sociedad. Cuanto más sufren, más enamorados y más dignos se sienten los clientes aunque los objetos de sus amores sean indiferentes y a veces abiertamente insultantes.

Como Olivia será muchas cosas pero nunca estúpida sabe que los regalos serán para ella una vez que se vayan dando cuenta de que mejor no salir a buscar afuera lo que tienen a la vuelta de la esquina.

Olivia's stock

Olivia sells stained underwear, incomplete sets of silverware, broken condoms and the hottest item: little spray bottles of breath freshener at exorbitant prices. She's really doing a great service to society. The more her customers suffer, the more they fall in love and the more dignified they feel even though her love objects might be indifferent and outright insulting at times.

Olivia may be many things but never stupid she knows that the gifts will be for her once they realize it's better not to look all over the place for what's right under your nose.

Aquí viene lo que a mí más me gusta de Olivia

    Cuando se pelea entorna los ojos y les canta un arrorró a sus enemigos.

Here's what I like best about Olivia

When she quarrels with her enemies she half closes
her eyes and sings a lullaby.

Un día cualquiera me vengo y ya está

Ayer me mandó una sábana monogramaza con un nombre ajeno y el perfume inimitable de nuestras noches.

One of these days I'll come and that's it

Yesterday she sent me a monogrammed sheet with an unfamiliar name and the unique scent of our nights together.

Precauciones

Tiene miedo de cruzar la calle cuando no hay autos. Dice que cualquier secuestrador tentado por la falta de testigos se la puede llevar a un país distante donde deberá usar velo y hacer locuras día y noche sin ser jamás, sin embargo, protagonista de ninguna noticia.

Precautions

She's afraid to cross the street when there are no cars. She says a kidnapper tempted by the fact that there aren't any witnesses can take her to a faraway country where she'll have to wear a veil and do crazy things night and day without ever being the subject of any headlines.

Insomne

Yo sabía que no sueña. Sabía que no duerme.

Cuando veo sus ojos abiertos por la noche finjo dormir.
¿Para qué hablar de las palabras que nos mantienen en vilo?
¿Para qué desmontarlas díganme ustedes y si no cállense
la boca, dejen de hablarme toda la noche sin parar. Sin
parar toda la noche todas las noches a mí, y a ella ¿la dejan
tranquila?

Sleepless

I knew it: she doesn't dream. I knew she doesn't sleep.

When I see her eyes open at night I pretend I'm sleeping. Why talk about the words that keep us in suspense? Why pick them apart tell me why and if you don't shut your mouths, stop talking to me nonstop all night. To me, to her nonstop all night every night, can't you leave her alone?

Costumbres de ave rapiña

Tiene ojos de águila pero cuando sale con su
hija finge que va de paseo. Déjenla sola y comienza
la aventura. Infinito sería infinito su altísimo vuelo, su
deambular por rincones, estaciones de tren abandonadas,
sanatorios siquiátricos vueltos escuelas vueltos florerías
donde compramos ramos de narcisos que se marchitan
instantáneamente si no fuera por su amor de madre que
la frena, la guía y le da consistencia de estopa a todo lo
que pisa. Siempre vuelve por más que tarde. Tiene que
preparar la sopa, usar cada uno de tus huesos para que sea
verdaderamente nutritiva.

Un día de estos la nena sale volando y ahí la quiero ver.

Habits of a bird of prey

She has eagle eyes but when she's out with her daughter pretends she's out for a stroll. Leave her alone and the fun begins. Unbound she flies, rambles in corners, goes to abandoned train stations, psychiatric hospitals turned schools turned flower shops where we buy bouquets of daffodils that would dry up right away if it weren't for her motherly love that holds her back, guides her and turns everything she steps on to cotton. She always comes back to feed you soup made with your bones.

One of these days the girl will extend her wings fly away and then we'll see what she does.

¡Atención! Olivia es una simuladora

Si tuviera alas usaría una silla de ruedas.

Watch out! Olivia is a fake!

If she had wings she'd go around in a wheelchair.

Olivia vestida de organdí color salmón
le escribe un poema a su mamá

Mi mamá

Me gusta que se ría
  aunque sea de mí

**Olivia dressed up in light pink lace
writes a poem for her mommy**

My Mommy

*I like it when she laughs
even if it's at me*

Olivia tiene una amiga que conoció
en la clandestinidad y por eso nunca nos dirá
su nombre pero logré averiguar su vestuario

camisón rosa para no olvidarse que es mujer
la marca del zorro
moños, moños, moños y más moños (todas las noches tira
dos a la basura, tres en día feriado)
      anteojos que ven el pasado a través de cristales ajenos

**Olivia has a friend she met in the underground
and that's why she'll never tell us her name but
I was able to find out what her clothes are like**

a pink night gown to remind her she's a woman
the mask of zorro
bows, bows, bows and more bows (every night she tosses
two in the garbage, three on holidays)
      lenses to see the past through alien eyes

Más vale prevenir que gozar

No iba a los bailes porque sabía que después
le dolerían los pies

it's not worth it

She wouldn't go to dances because she knew her feet
would hurt afterwards

Descontrolada, loca, traicionera

Recibe encomiendas de sus vecinos pero asegura que es mercadería robada y pide a gritos que la metan en la cárcel de una vez por todas.

Wild, crazy, treacherous

She receives packages from her neighbors but says it's
stolen merchandise and screams for them to lock her up
once and for all.

De noche cuando se acuesta

arma un tragaluz peludo con sus pestañas y
el gobierno interviene para que la gente
deje de usar tanta electricidad.

At night when she goes to bed

She sets up a hairy skylight with her eyelashes
and the government intervenes to prevent
us from using too much electricity.

Anorexia

Como de todo pero nunca se sacia. Creo que si le compro un caramelo color fucsia sabrá que es el último.

Anorexia

She eats everything but is never satisfied. If I buy her a bright pink candy she'll know it's the last one.

Mareados

Nada tienen de raro en esta ciudad
recogen
     guardan
        transportan
¿hay algo que les sobra? ¿o es todo falta?

De un lado para otro como si no me viera. De un lado
para otro con la cabeza baja como si se fuera a desmayar o
vomitar o caerse simplemente porque es de noche y puede
hacerlo qué importa otro cuerpo tirado a esta hora en esta
ciudad entregada ya a su destripamiento, la hermana de
Olivia hurga en la basura que acabo de tirar, ve el sobrecito
violeta con mi mensaje y lo deja en la vereda.

No puedo con su desprecio
pídanle que me mire
     ojos abiertos fijos en los míos
aunque me parta
    como un rayo

Tipsy

Nothing odd about this city
they collect
     store
         get around
is there too much of something? too little of everything?

From here to there like she can't see me. Back and forth
head down looks like she's about to faint or vomit or merely
fall over because it's nighttime anyway what does one more
trashed body matter at this time in this city already caving in
to its dismemberment? Olivia's sister rummages through the
garbage I just threw out, sees the purple envelope with my
message and drops it on the sidewalk.

I can't stand her contempt
beg her to look at me
     eyes wide open fixed on mine
even though she hits me
    hot hard lightening

Swan Isle Press is an independent, not-for-profit, literary publisher dedicated to publishing works of poetry, fiction and nonfiction that inspire and educate while advancing the knowledge and appreciation of literature, art, and culture. The Press's bilingual editions and single-language English translations make contemporary and classic texts more accessible to a variety of readers.

For more information on books of related interest or for a catalog of new publications contact:

www.swanislepress.com

LOST CITIES GO TO PARADISE

———

LAS CIUDADES PERDIDAS VAN AL PARAÍSO

S W A N
I S L E
P R E S S

Designed by Andrea Guinn

Typeset in Bembo

Printed on 55# Glatfelter Natural